AF234936

Impressum
Verlag: BABADADA GmbH, Nedderfeld 112 , 22529 Hamburg
Geschäftsführer / Verlagsleitung: Harald Hof
Druck: Books on Demand GmbH, In de Tarpen 42, 22848 Norderstedt

Imprint
Publisher: BABADADA GmbH, Nedderfeld 112 , 22529 Hamburg, Germany
Managing Director / Publishing direction: Harald Hof
Print: Books on Demand GmbH, In de Tarpen 42, 22848 Norderstedt, Germany

# die Schule
# skole

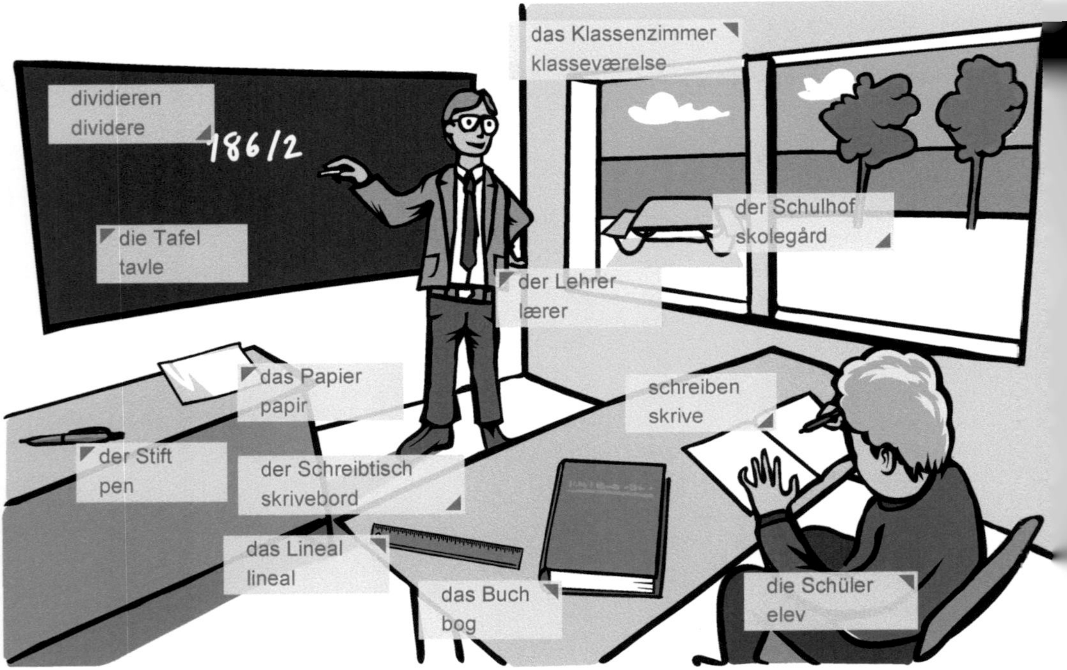

das Klassenzimmer
klasseværelse
dividieren
dividere
186/2
die Tafel
tavle
der Schulhof
skolegård
der Lehrer
lærer
das Papier
papir
schreiben
skrive
der Stift
pen
der Schreibtisch
skrivebord
das Lineal
lineal
das Buch
bog
die Schüler
elev


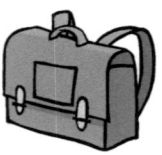

der Ranzen

skoletaske

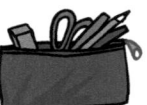

die Federmappe

penalhus

der Bleistift

blyant

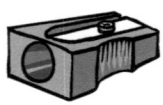

der Bleistiftanspitzer

blyantspidser

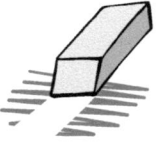

das Radiergummi

viskelæder

der Zeichenblock

tegneblok

die Zeichnung

tegning

der Pinsel

pensel

der Malkasten

æske med vandfarver

die Schere

saks

der Klebstoff

lim

das Übungsheft

opgavehefte

die Hausaufgabe

lektie

die Zahl

tal

addieren

addere

subtrahieren

subtrahere

multiplizieren

multiplicere

rechnen

regne

der Buchstabe

bogstav

das Alphabet

alfabet

das Wort

ord

der Text

tekst

lesen

læse

die Kreide

kridt

die Stunde

time

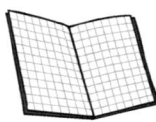

das Klassenbuch

klasseprotokol

die Prüfung

eksamen

das Zeugnis

karakterbog

die Schuluniform

skoleuniform

die Ausbildung

uddannelse

das Lexikon

leksikon

die Universität

universitet

das Mikroskop

mikroskop

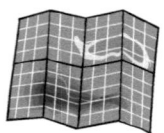

die Karte

kort

der Papierkorb

papirkurv

# die Reise
## rejse

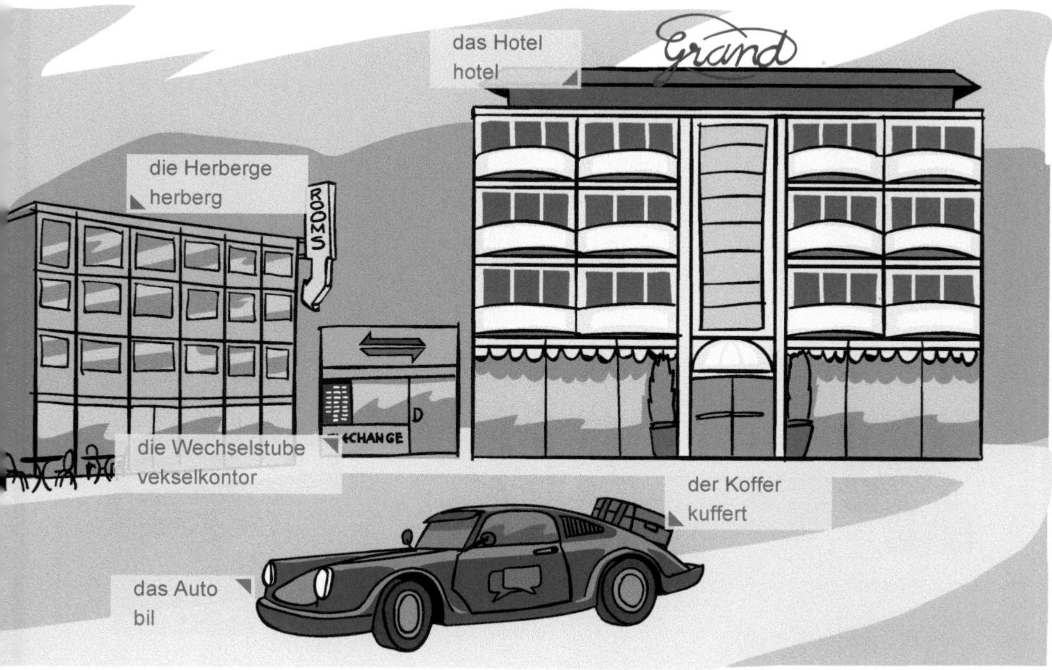
das Hotel
hotel
Grand
die Herberge
herberg
ROOMS
die Wechselstube
vekselkontor
der Koffer
kuffert
das Auto
bil

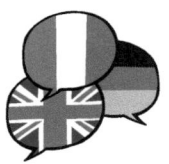

die Sprache
sprog

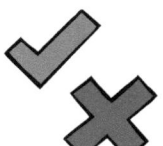

ja / nein
ja / nej

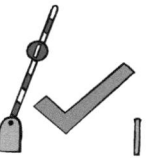

Okay
okay

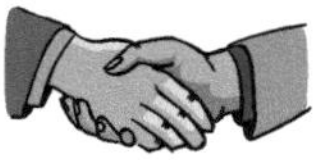

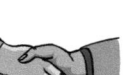

Hallo
hej

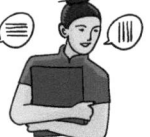

der Übersetzer
oversætter

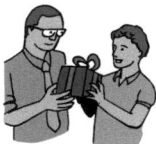

Danke
tak

Was kostet...?

hvad koster...?

Ich verstehe nicht

Jeg forstår ikke

das Problem

problem

Guten Abend!

God aften!

Guten Morgen!

God morgen!

Gute Nacht!

God nat!

Auf Wiedersehen

farvel

die Richtung

retning

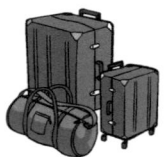

das Gepäck

bagage

die Tasche

taske

der Rucksack

rygsæk

der Gast

gæst

das Zimmer

værelse

der Schlafsack

sovepose

das Zelt

telt

die Reise - rejse

die Touristeninformation

turistinformation

der Strand

strand

die Kreditkarte

kreditkort

das Frühstück

morgenmad

das Mittagessen

middagsmad

das Abendessen

aftensmad

die Fahrkarte

billet

der Fahrstuhl

elevator

die Briefmarke

frimærke

die Grenze

grænse

der Zoll

told

die Botschaft

ambassade

das Visum

visum

der Pass

pas

# der Transport
# transport

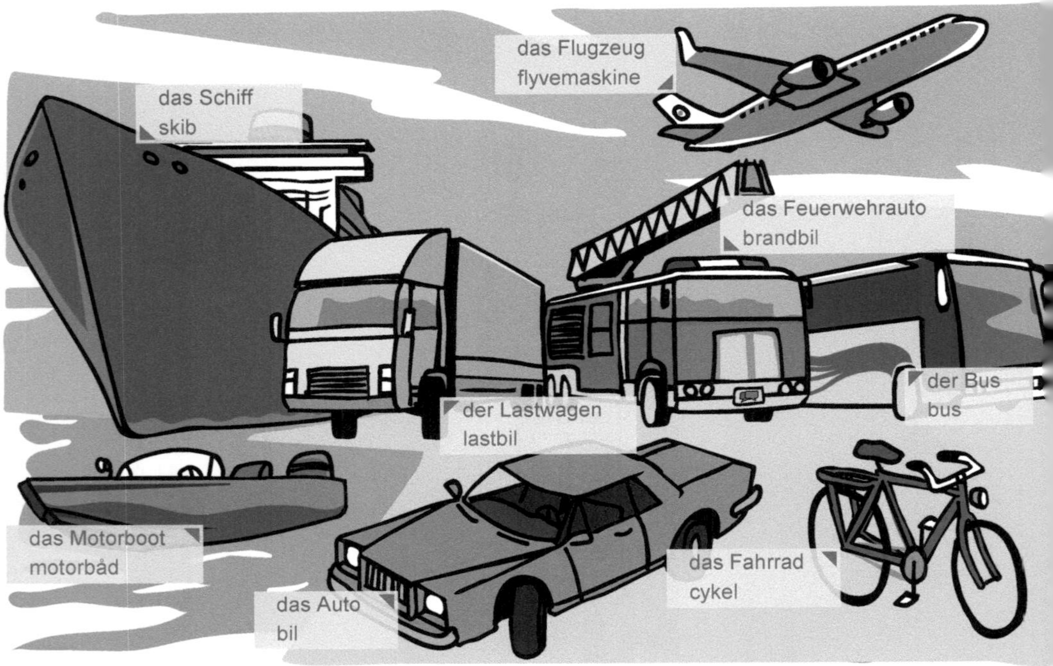
das Flugzeug
flyvemaskine
das Schiff
skib
das Feuerwehrauto
brandbil
der Bus
bus
der Lastwagen
lastbil
das Motorboot
motorbåd
das Fahrrad
cykel
das Auto
bil

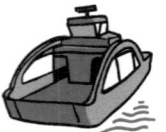

die Fähre

færge

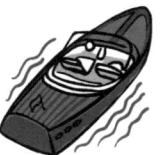

das Boot

båd

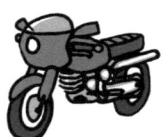

das Motorrad

motorcykel

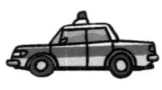

das Polizeiauto

politibil

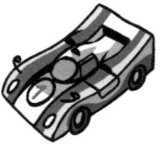

das Rennauto

racerbil

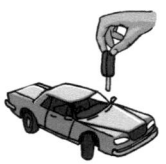

der Mietwagen

lejebil

das Carsharing

samkørsel

der Abschleppwagen

kranbil

das Müllauto

skraldebil

der Motor

motor

der Kraftstoff

benzin

die Tankstelle

tankstation

das Verkehrsschild

trafikskilt

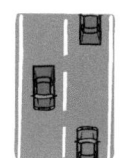

der Verkehr

trafik

der Stau

trafikprop

der Parkplatz

parkeringsplads

der Bahnhof

banegård

die Schienen

skinner

der Zug

tog

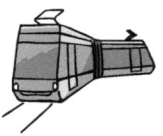

die Straßenbahn

sporvogn

der Wagon

wagon

der Helikopter

helikopter

der Flughafen

lufthavn

der Tower

tårn

der Passagier

passager

der Container

container

der Karton

karton

der Karren

kærre

der Korb

kurv

starten / landen

starte / lande

## die Stadt

### by

das Dorf

landsby

das Stadtzentrum

bymidte

das Haus

hus

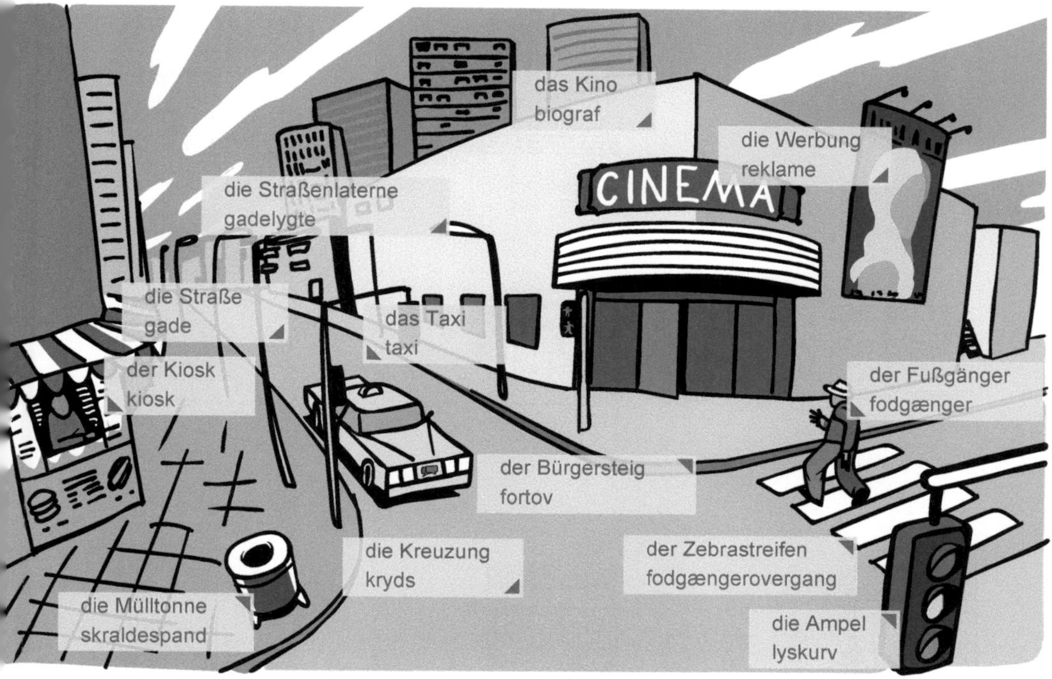

das Kino
biograf
die Werbung
reklame
CINEMA
die Straßenlaterne
gadelygte
die Straße
gade
das Taxi
taxi
der Kiosk
kiosk
der Fußgänger
fodgænger
der Bürgersteig
fortov
die Kreuzung
kryds
der Zebrastreifen
fodgængerovergang
die Mülltonne
skraldespand
die Ampel
lyskurv


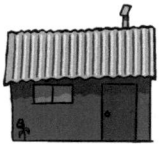

die Hütte

hytte

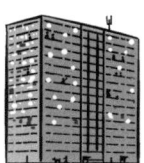

die Wohnung

lejlighed

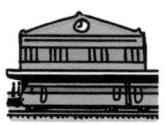

der Bahnhof

banegård

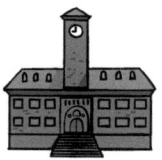

das Rathaus

rådhus

MUSEUM


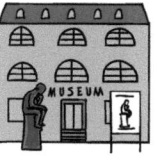

das Museum

museum

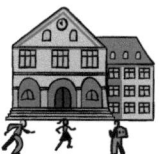

die Schule

skole

die Universität

universitet

die Bank

bank

das Krankenhaus

sygehus

das Hotel

hotel

die Apotheke

apotek

das Büro

kontor

die Buchhandlung

boghandel

das Geschäft

butik

der Blumenladen

blomsterbutik

der Supermarkt

supermarked

der Markt

marked

das Kaufhaus

stormagasin

der Fischhändler

fiskehandler

das Einkaufszentrum

butikscenter

der Hafen

havn

der Park

park

die Bank

bænk

die Brücke

bro

die Treppe

trappe

die U-Bahn

undergrundsbane

der Tunnel

tunnel

die Bushaltestelle

busstoppested

die Bar

barnevogn

das Restaurant

restaurant

der Briefkasten

postkasse

das Straßenschild

vejskilt

die Parkuhr

parkometer

der Zoo

zoo

die Badeanstalt

badeanstalt

die Moschee

moske

der Bauernhof

bondegård

die Umweltverschmutzung

miljøforurening

der Friedhof

kirkegård

die Kirche

kirke

der Spielplatz

legeplads

der Tempel

tempel

## die Landschaft

## landskab

das Blatt
blad

der Wegweiser
vejviser

der Weg
vej

die Wiese
eng

der Stein
sten

der Baum
træ

der Wanderer
vandrer

der Fluss
flod

das Gras
græs

die Blume
blomst

das Tal
dal

der Berg
bjerg

der See
sø

der Wald
skov

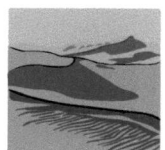

die Wüste
ørken

der Vulkan
vulkan

das Schloss
slot

der Regenbogen
regnbue

der Pilz
svamp

die Palme
palme

der Moskito
moskito

die Fliege
flue

die Ameise
myre

die Biene
bi

die Spinne
edderkop

der Käfer

bille

der Frosch

frø

das Eichhörnchen

egern

der Igel

pindsvin

der Hase

hare

die Eule

ugle

die Vogel

fugl

der Schwan

svane

das Wildschwein

vildsvin

der Hirsch

hjort

der Elch

elg

der Staudamm

dæmning

das Windrad

vindmølle

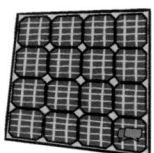

das Solarmodul

solcellemodul

das Klima

klima

# das Restaurant
# restaurant

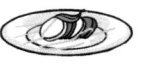

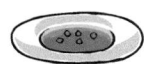

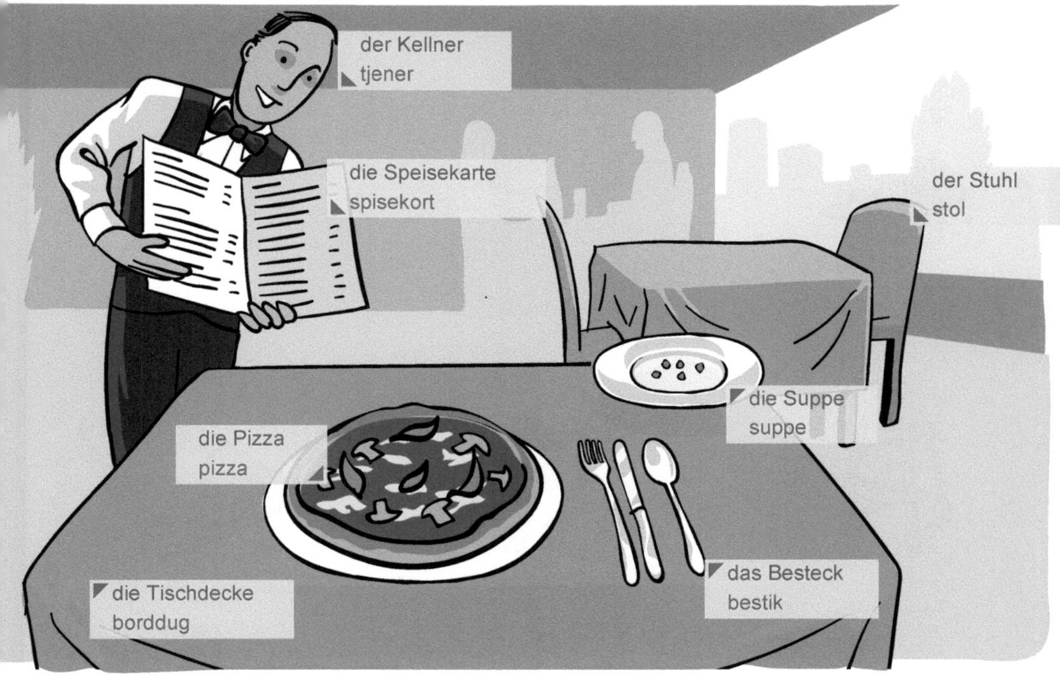
der Kellner
tjener
die Speisekarte
spisekort
der Stuhl
stol
die Suppe
suppe
die Pizza
pizza
das Besteck
bestik
die Tischdecke
borddug

die Vorspeise

forret

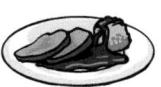

das Hauptgericht

hovedret

die Nachspeise

dessert

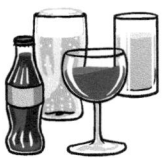

die Getränke

drikkevarer

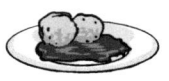

das Essen

mad

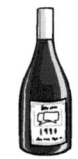

die Flasche

flaske

das Fastfood

fastfood

das Streetfood

streetfood

die Teekanne

tekande

die Zuckerdose

sukkerdåse

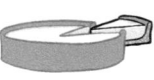

die Portion

portion

die Espressomaschine

espressomaskine

der Hochstuhl

barnestol

die Rechnung

faktura

das Tablett

tablet

das Messer

kniv

die Gabel

gaffel

der Löffel

ske

der Teelöffel

teske

die Serviette

serviet

das Glas

glas

der Teller

tallerken

der Suppenteller

dyb tallerken

die Untertasse

underkop

die Sauce

sovs

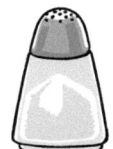

der Salzstreuer

saltbøsse

die Pfeffermühle

peberkværn

der Essig

eddike

das Öl

olie

die Gewürze

krydderier

das Ketchup

ketchup

der Senf

sennep

die Mayonnaise

mayonnaise

# der Supermarkt
## supermarked

das Angebot
tilbud
FOR
der Kunde
kunde
die Milchprodukte
mælkeprodukter
das Obst
frugt
der Einkaufswagen
indkøbsvogn

BUTCHERS

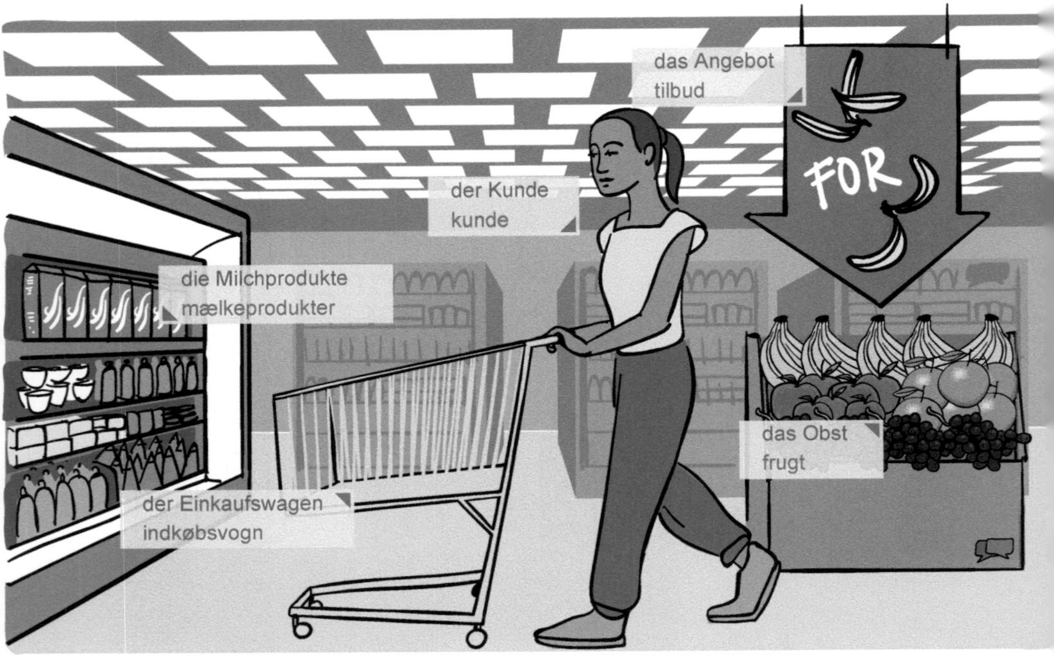

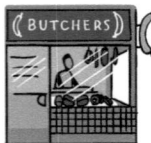

die Schlachterei

slagter

BAKERY

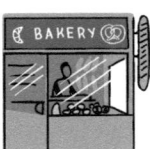

die Bäckerei

bageri

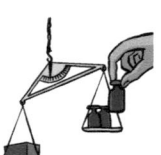

wiegen

veje

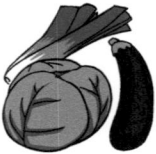

das Gemüse

grøntsager

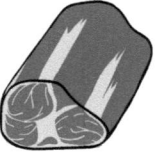

das Fleisch

kød

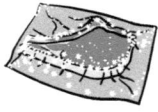

die Tiefkühlkost

frostvarer

der Aufschnitt

pålæg

die Konserven

konserves

das Waschmittel

vaskemiddel

die Süßigkeiten

slik

die Haushaltsartikel

husholdningsvarer

das Reinigungsmittel

rengøringsmidler

die Verkäuferin

ekspedient

die Kasse

kasse

der Kassierer

kasserer

die Einkaufsliste

indkøbsliste

die Öffnungszeiten

åbningstider

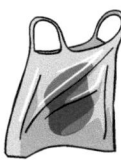

die Brieftasche

tegnebog

die Kreditkarte

kreditkort

die Tasche

taske

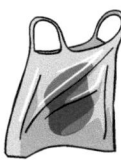

die Plastiktüte

plasticpose

das Wasser

vand

der Saft

saft

die Milch

mælk

die Cola

cola

der Wein

vin

das Bier

øl

der Alkohol

alkohol

der Kakao

kakao

der Tee

te

der Kaffee

kaffe

der Espresso

espresso

der Cappuccino

cappuccino

die Banane

banan

der Apfel

æble

die Orange

appelsin

die Melone

melon

die Zitrone

citron

die Karotte

gulerod

der Knoblauch

hvidløg

der Bambus

bambus

die Zwiebel

løg

der Pilz

svamp

die Nüsse

nødder

die Nudeln

nudler

die Spaghetti

spaghetti

der Reis

ris

der Salat

salat

die Pommes frites

pomfritter

die Bratkartoffeln

stegte kartofler

die Pizza

pizza

der Hamburger

hamburger

das Sandwich

sandwich

das Schnitzel

schnitzel

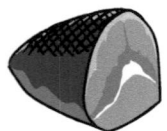

der Schinken

skinke

die Salami

salami

die Wurst

pølse

das Huhn

kylling

der Braten

steg

der Fisch

fisk

die Haferflocken

havregryn

das Müsli

mysli

die Cornflakes

cornflakes

das Mehl

mel

das Croissant

croissant

das Brötchen

rundstykke

das Brot

brød

der Toast

toast

die Kekse

kiks

die Butter

smør

der Quark

kvark

der Kuchen

kage

das Ei

æg

das Spiegelei

spejlæg

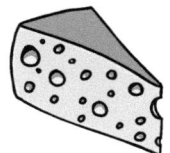

der Käse

ost

die Eiscreme

is

der Zucker

sukker

der Honig

honning

die Marmelade

marmelade

die Nougat-Creme

nougat-creme

das Curry

karry

# der Bauernhof
## bondegård

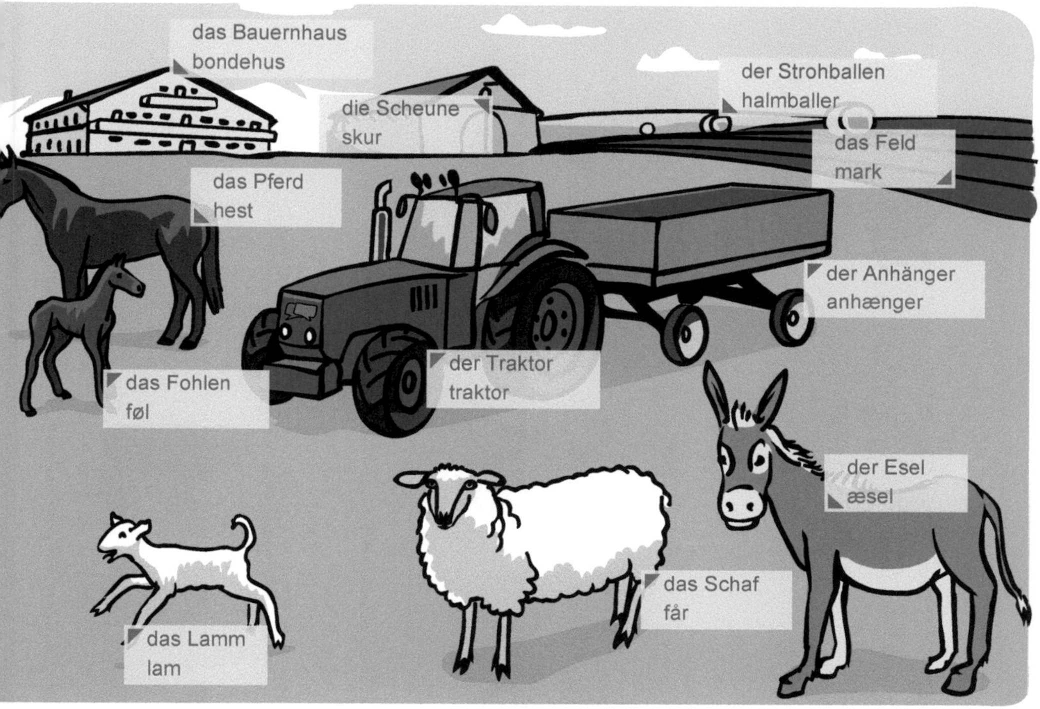
das Bauernhaus
bondehus
die Scheune
skur
der Strohballen
halmballer
das Feld
mark
das Pferd
hest
der Anhänger
anhænger
der Traktor
traktor
das Fohlen
føl
der Esel
æsel
das Schaf
får
das Lamm
lam

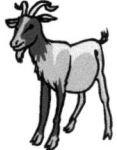

die Ziege

ged

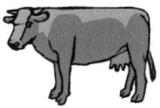

die Kuh

ko

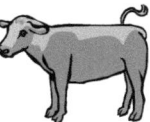

das Kalb

kalv

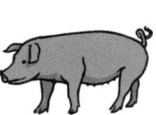

das Schwein

svin

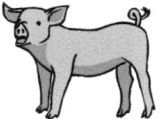

das Ferkel

gris

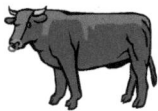

der Bulle

tyr

die Gans

gås

die Ente

and

das Küken

kylling

das Huhn

høne

der Hahn

hane

die Ratte

rotte

die Katze

kat

die Maus

mus

der Ochse

okse

der Hund

hund

die Hundehütte

hundehus

der Gartenschlauch

haveslange

die Gießkanne

vandkande

die Sense

le

der Pflug

plov

die Sichel

segl

die Hacke

hakkejern

die Mistgabel

møggreb

die Axt

økse

die Schubkarre

trillebør

der Trog

trug

die Milchkanne

mælkekande

der Sack

sæk

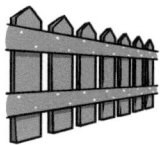

der Zaun

hæk

der Stall

stald

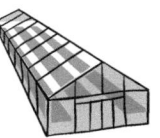

das Treibhaus

drivhus

der Boden

jord

die Saat

frø

der Dünger

gødning

der Mähdrescher

mejetærsker

ernten

høste

die Ernte

høst

die Yamswurzel

yams

der Weizen

hvede

das Soja

soja

die Kartoffel

kartoffel

der Mais

majs

der Raps

raps

der Obstbaum

frugttræ

der Maniok

maniok

das Getreide

korn

der Bauernhof - bondegård

# das Haus

## hus

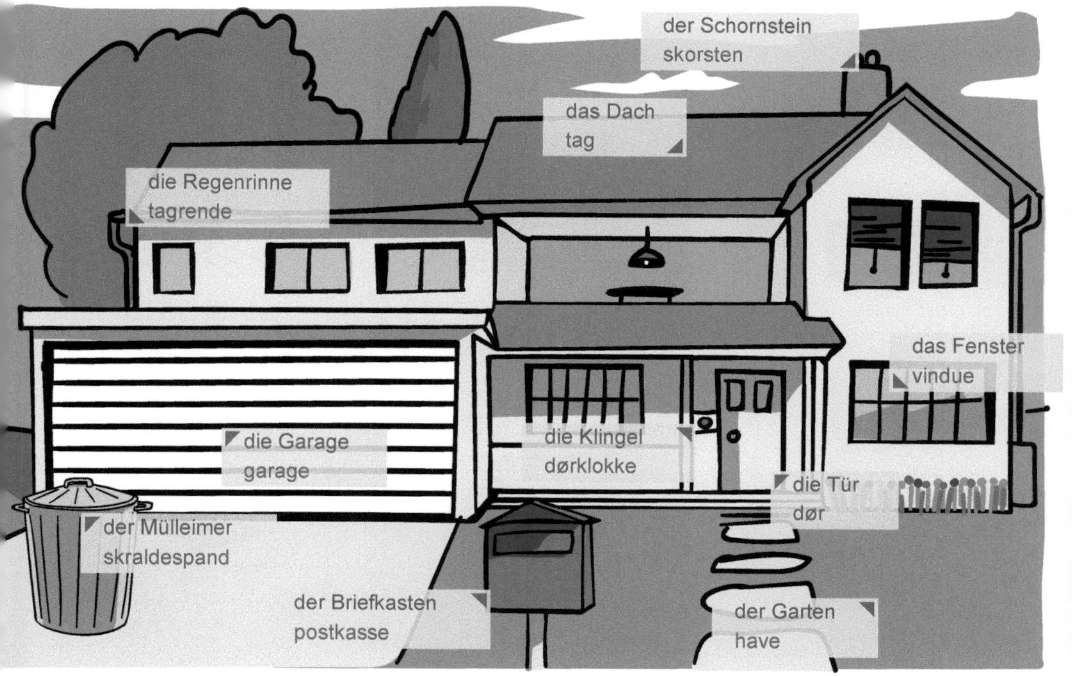
der Schornstein
skorsten
das Dach
tag
die Regenrinne
tagrende
das Fenster
vindue
die Garage
garage
die Klingel
dørklokke
die Tür
dør
der Mülleimer
skraldespand
der Briefkasten
postkasse
der Garten
have

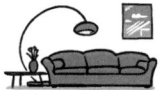

das Wohnzimmer

stue

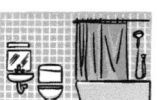

das Badezimmer

badeværelse

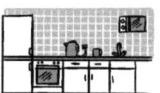

die Küche

køkken

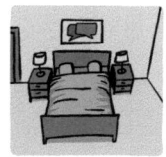

das Schlafzimmer

soveværelse

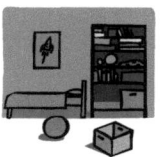

das Kinderzimmer

børneværelse

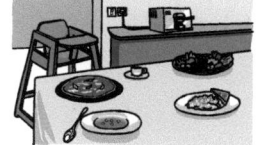

das Esszimmer

spisestue

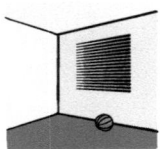

der Boden

gulv

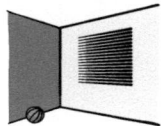

die Wand

væg

die Decke

loft

der Keller

kælder

die Sauna

sauna

der Balkon

altan

die Terrasse

terrasse

das Schwimmbad

svømmehal

der Rasenmäher

plæneklipper

der Bettbezug

dynebetræk

die Bettdecke

dyne

das Bett

seng

der Besen

kost

der Eimer

spand

der Schalter

kontakt

# das Wohnzimmer

## stue

die Tapete
tapet
das Bild
billede
die Lampe
lampe
das Regal
reol
der Schrank
skab
der Fernseher
fjernsyn
der Kamin
pejs
die Blume
blomst
das Kissen
pude
das Sofa
sofa
die Vase
vase
die Fernbedienung
fjernbetjening

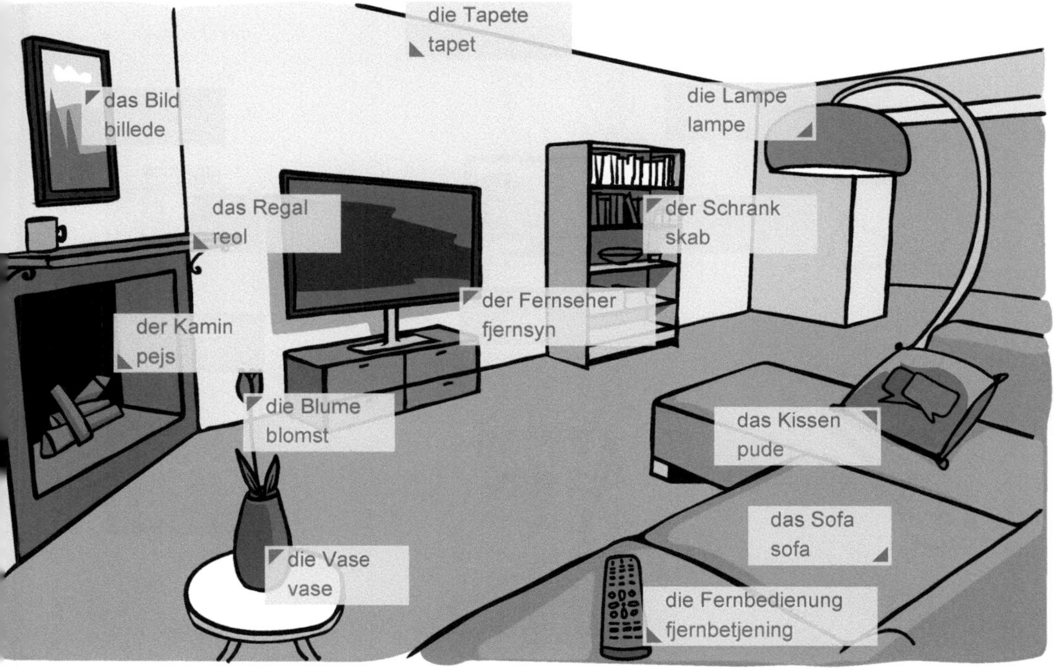

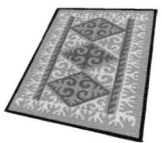

der Teppich

gulvtæppe

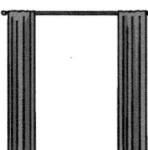

der Vorhang

gardin

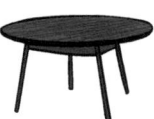

der Tisch

bord

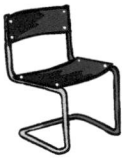

der Stuhl

stol

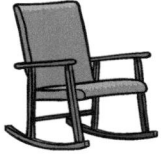

der Schaukelstuhl

gyngestol

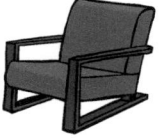

der Sessel

lænestol

das Buch

bog

die Decke

tæppe

die Dekoration

dekoration

das Feuerholz

brænde

der Film

film

die Stereoanlage

stereoanlæg

der Schlüssel

nøgle

die Zeitung

avis

das Gemälde

maleri

das Poster

plakat

das Radio

radio

der Notizblock

notesblok

der Staubsauger

støvsuger

der Kaktus

kaktus

die Kerze

lys

# die Küche
# køkken

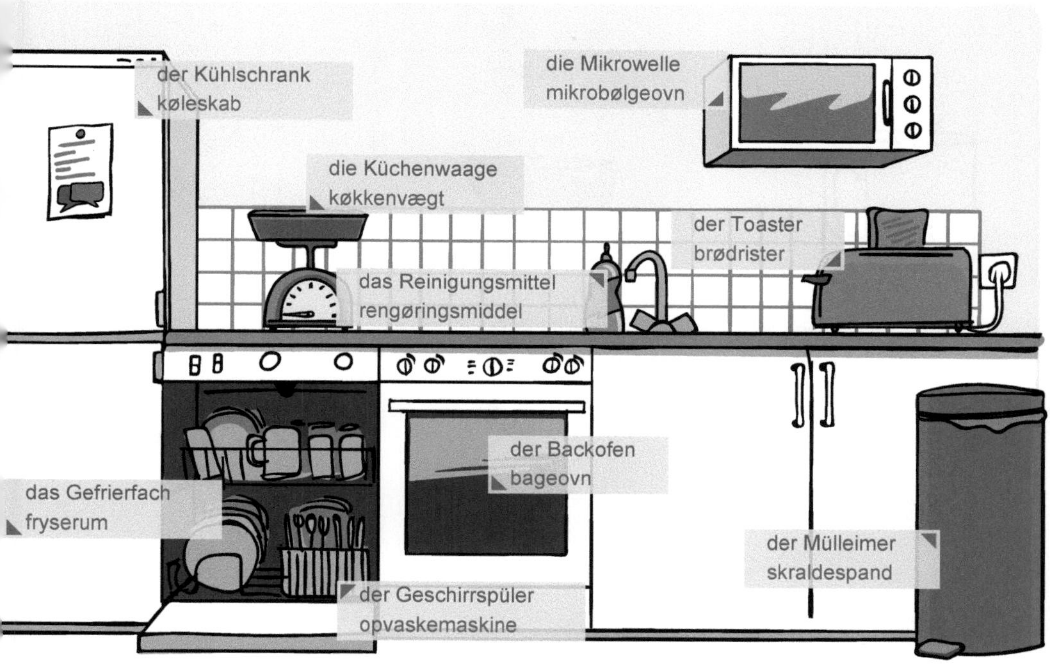
der Kühlschrank
køleskab
die Mikrowelle
mikrobølgeovn
die Küchenwaage
køkkenvægt
der Toaster
brødrister
das Reinigungsmittel
rengøringsmiddel
der Backofen
bageovn
das Gefrierfach
fryserum
der Mülleimer
skraldespand
der Geschirrspüler
opvaskemaskine

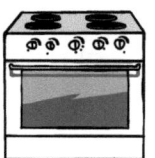

der Herd

komfur

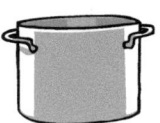

der Topf

gryde

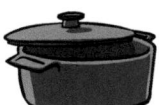

der Eisentopf

jerngryde

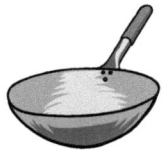

der Wok / Kadai

wok / kadai

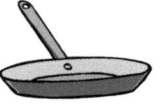

die Pfanne

pande

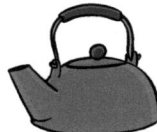

der Wasserkocher

elkedel

der Dampfgarer

dampkoger

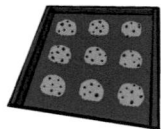

das Backblech

bageplade

das Geschirr

service

der Becher

bæger

die Schale

skål

die Essstäbchen

spisepinde

die Suppenkelle

øseske

der Pfannenwender

paletkniv

der Schneebesen

piskeris

das Kochsieb

dørslag

das Sieb

si

die Reibe

rive

der Mörser

morter

der Grill

grille

die Feuerstelle

ildsted

das Schneidebrett

skærebræt

das Nudelholz

kagerulle

der Korkenzieher

proptrækker

die Dose

dåse

der Dosenöffner

dåseåbner

der Topflappen

grydelap

das Waschbecken

køkkenvask

die Bürste

børste

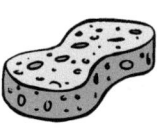

der Schwamm

svamp

der Mixer

blender

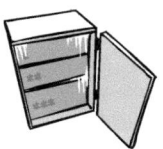

die Gefriertruhe

dybfryser

die Babyflasche

sutteflaske

der Wasserhahn

vandhane

# das Badezimmer
## badeværelse

die Dusche
brusebad
die Heizung
radiator
das Handtuch
håndklæde
der Duschvorhang
bruserforhæng
das Schaumbad
skumbad
die Badewanne
badekar
das Glas
glas
die Waschmaschine
vaskemaskine
der Wasserhahn
vandhane
die Fliesen
fliser
das Töpfchen
tissepotte
das Waschbecken
køkkenvask

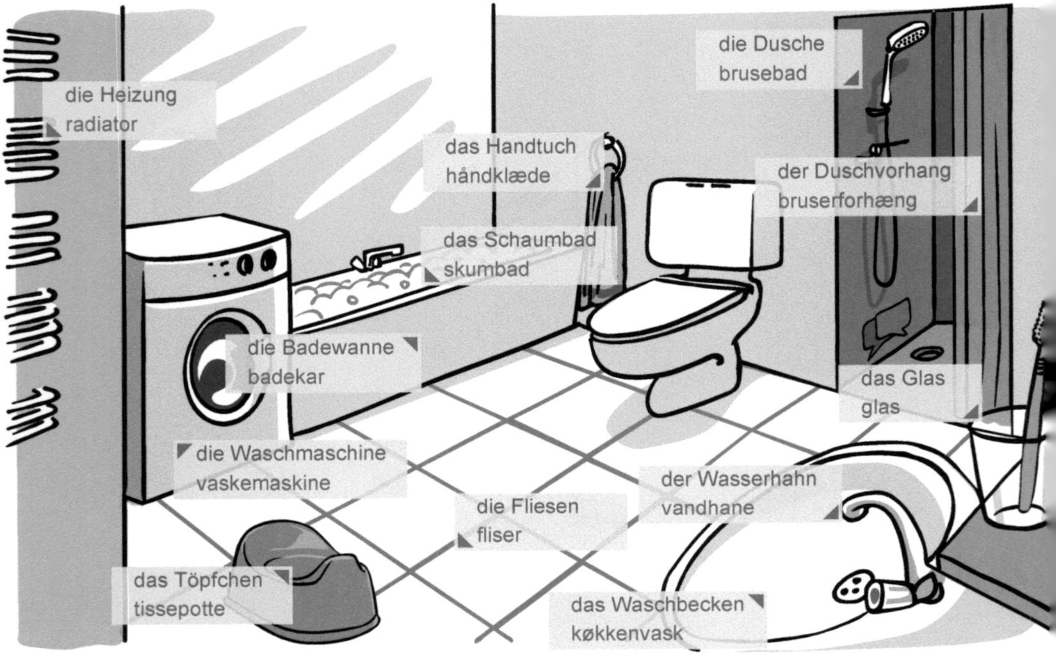

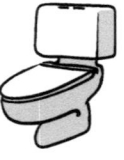

die Toilette

toilet

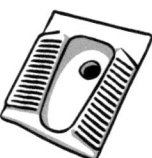

die Hocktoilette

hugsiddende toilet

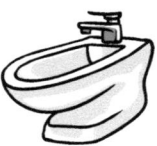

das Bidet

bidet

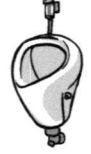

das Pissoir

pissoir

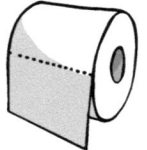

das Toilettenpapier

toiletpapir

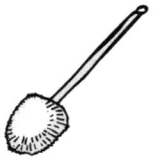

die Toilettenbürste

toiletbørste

die Zahnbürste

tandbørste

die Zahnpasta

tandpasta

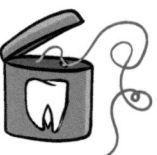

die Zahnseide

tandtråd

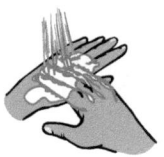

waschen

vaske

die Handbrause

håndbruser

die Intimdusche

intimbruser

die Waschschüssel

vaskefad

die Rückenbürste

badebørste

die Seife

sæbe

das Duschgel

brusegele

das Shampoo

shampoo

der Waschlappen

vaskeklud

der Abfluss

afløb

die Creme

creme

das Deodorant

deodorant

das Badezimmer - badeværelse

der Spiegel

spejl

der Kosmetikspiegel

kosmetikspejl

der Rasierer

barberhøvl

der Rasierschaum

barberskum

das Rasierwasser

barbervand

der Kamm

kam

die Bürste

børste

der Föhn

hårtørrer

das Haarspray

hårspray

das Makeup

makeup

der Lippenstift

læbestift

der Nagellack

neglelak

die Watte

vat

die Nagelschere

neglesaks

das Parfum

parfume

der Kulturbeutel

toilettaske

der Hocker

skammel

die Waage

vægt

der Bademantel

badekåbe

die Gummihandschuhe

gummihandsker

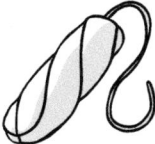

das Tampon

tampon

die Damenbinde

damebind

die Chemietoilette

kemisk toilet

# das Kinderzimmer
## børneværelse

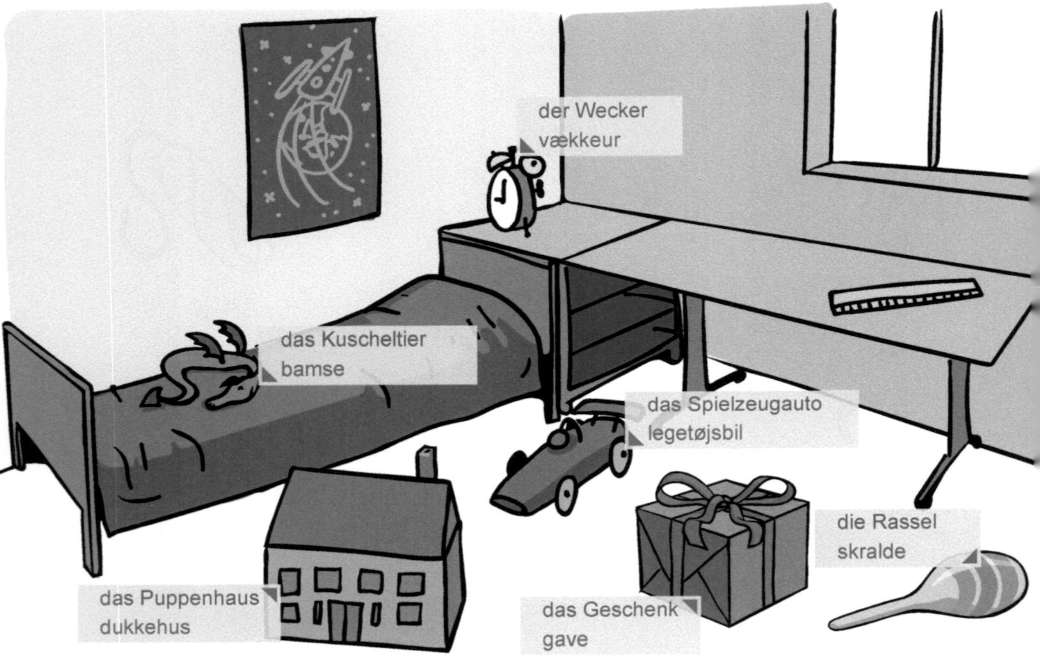

der Wecker
vækkeur
das Kuscheltier
bamse
das Spielzeugauto
legetøjsbil
die Rassel
skralde
das Puppenhaus
dukkehus
das Geschenk
gave


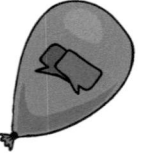

der Ballon

ballon

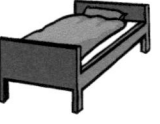

das Bett

seng

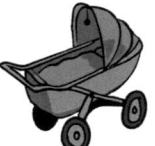

der Kinderwagen

barnevogn

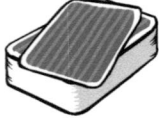

das Kartenspiel

kortspil

das Puzzle

puslespil

SUPER MEGA


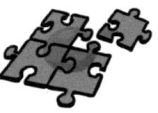

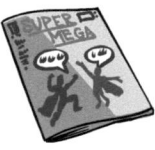

der Comic

tegneserie

die Legosteine

legoklodser

die Bausteine

byggeklodser

die Action Figur

action figur

der Strampelanzug

sparkedragt

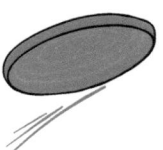

das Frisbee

frisbee

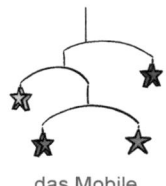

das Mobile

uro

das Brettspiel

brætspil

der Würfel

terning

die Modelleisenbahn

modeljernbane

der Schnuller

sut

die Party

fest

das Bilderbuch

billedbog

der Ball

bold

die Puppe

dukke

spielen

lege

der Sandkasten

sandkasse

die Schaukel

gynge

das Spielzeug

legetøj

die Spielkonsole

spillekonsol

das Dreirad

trehjulet cykel

der Teddy

bamse

der Kleiderschrank

klædeskab

# die Kleidung

## tøj

die Socken

sokker

die Strümpfe

strømper

die Strumpfhose

strømpebukser

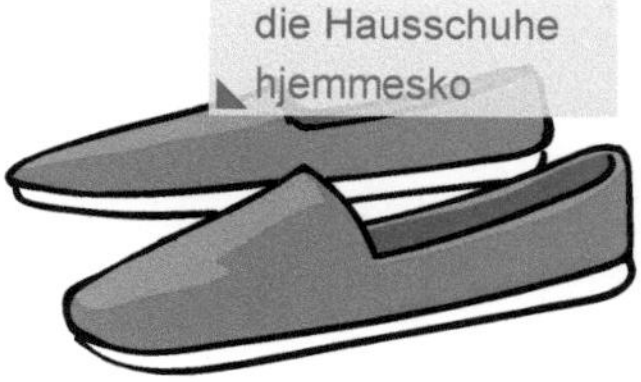

der Schal
sjal

der Regenschirm
paraply

das T-Shirt
T-shirt

der Gürtel
bælte

der Stiefel
støvler

die Hausschuhe
hjemmesko

die Turnschuhe
sneakers

die Sandalen
sandaler

die Schuhe
sko

die Gummistiefel
gummistøvler

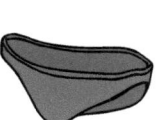

die Unterhose
underbukser

der Büstenhalter
BH

das Unterhemd
undertrøje

die Kleidung - tøj

der Body

body

die Hose

bukser

die Jeans

jeans

der Rock

nederdel

die Bluse

bluse

das Hemd

skjorte

der Pullover

pullover

der Kapuzenpullover

sweatshirt

der Blazer

blazer

die Jacke

jakke

der Mantel

frakke

der Regenmantel

regnfrakke

das Kostüm

kostume

das Kleid

kjole

das Hochzeitskleid

brudekjole

der Anzug

jakkesæt

das Nachthemd

nattrøje

der Schlafanzug

pyjamas

der Sari

sari

das Kopftuch

hovedtørklæde

der Turban

turban

die Burka

burka

der Kaftan

kaftan

die Abaya

abaya

der Badeanzug

badedragt

die Badehose

badebukser

die kurze Hose

korte bukser

der Trainingsanzug

træningsdragt

die Schürze

forklæde

die Handschuhe

handsker

der Knopf

knap

die Brille

briller

das Armband

armbånd

die Halskette

kæde

der Ring

ring

der Ohrring

ørering

die Mütze

hue

der Kleiderbügel

bøjle

der Hut

hat

die Krawatte

slips

der Reißverschluss

lynlås

der Helm

hjelm

der Hosenträger

seler

die Schuluniform

skoleuniform

die Uniform

uniform

die Kleidung - tøj

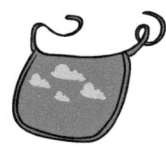

das Lätzchen
.....................
hagesmæk

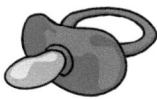

der Schnuller
.....................
sut

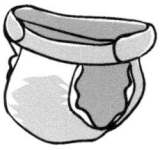

die Windel
.....................
ble

## das Büro
## kontor

der Server
server
der Aktenschrank
arkivskab
das Papier
papir
der Drucker
printer
der Monitor
skærm
die Maus
mus
der Schreibtisch
skrivebord
der Ordner
mappe
die Tastatur
tastatur
der Papierkorb
papirkurv
der Computer
computer
der Stuhl
stol


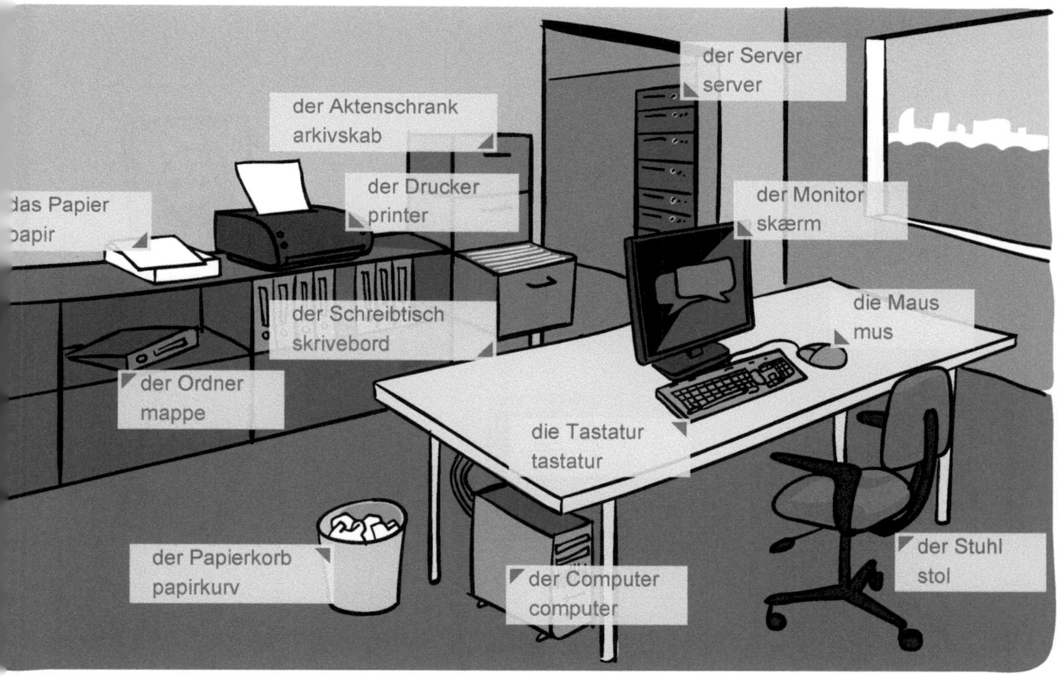

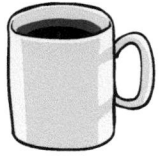

der Kaffeebecher
.....................
kaffekrus

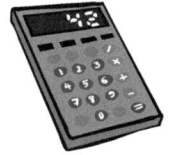

der Taschenrechner
.....................
lommeregner

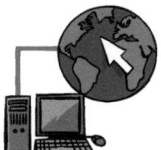

das Internet
.....................
internet

der Laptop

bærbar

der Brief

brev

die Nachricht

besked

das Handy

mobil

das Netzwerk

netværk

der Kopierer

kopimaskine

die Software

software

das Telefon

telefon

die Steckdose

stikdåse

das Fax

fax

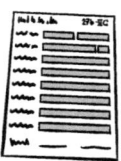

das Formular

formular

das Dokument

dokument

das Büro - kontor

kaufen

købe

bezahlen

betale

handeln

handle

das Geld

penge

der Dollar

dollar

der Euro

euro

der Yen

yen

der Rubel

rubel

der Franken

schweizerfranc

der Renminbi Yuan

renminbi yuan

die Rupie

rupee

der Geldautomat

hæveautomat

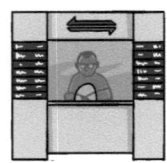

die Wechselstube

vekselkontor

das Gold

guld

das Silber

sølv

das Öl

olie

die Energie

energi

der Preis

pris

der Vertrag

kontrakt

die Steuer

skat

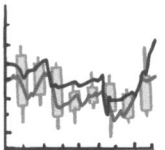

die Aktie

aktie

arbeiten

arbejde

der Angestellte

ansat

der Arbeitgeber

arbejdsgiver

die Fabrik

fabrik

das Geschäft

butik

# die Berufe
## erhverv

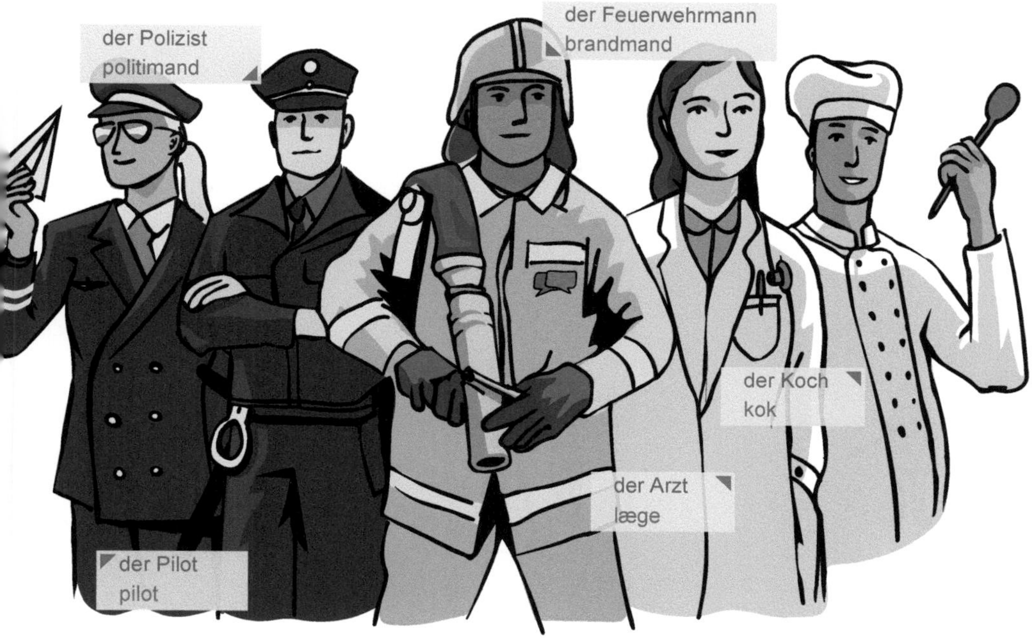

der Polizist
politimand
der Feuerwehrmann
brandmand
der Koch
kok
der Arzt
læge
der Pilot
pilot


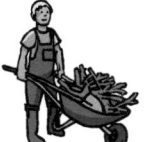

der Gärtner

gartner

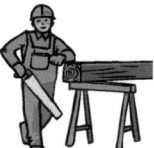

der Tischler

tømrer

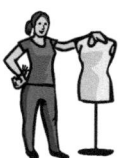

die Näherin

syerske

der Richter

dommer

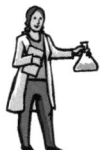

der Chemiker

kemiker

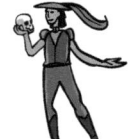

der Schauspieler

skuespiller

der Busfahrer

buschauffør

der Taxifahrer

taxachauffør

der Fischer

fisker

die Putzfrau

rengøringskone

der Dachdecker

tagdækker

der Kellner

tjener

der Jäger

jæger

der Maler

maler

der Bäcker

bager

der Elektriker

elektriker

der Bauarbeiter

bygningsarbejder

der Ingenieur

ingeniør

der Schlachter

slagter

der Klempner

vvs-mand

der Postbote

postbud

die Berufe - erhverv

der Soldat

soldat

der Architekt

arkitekt

der Kassierer

kasserer

der Florist

blomsterhandler

der Friseur

frisør

der Schaffner

togfører

der Mechaniker

mekaniker

der Kapitän

kaptajn

der Zahnarzt

tandlæge

der Wissenschaftler

videnskabsmand

der Rabbi

rabbiner

der Imam

imam

der Mönch

munk

der Geistliche

præst

# die Werkzeuge
# værktøj

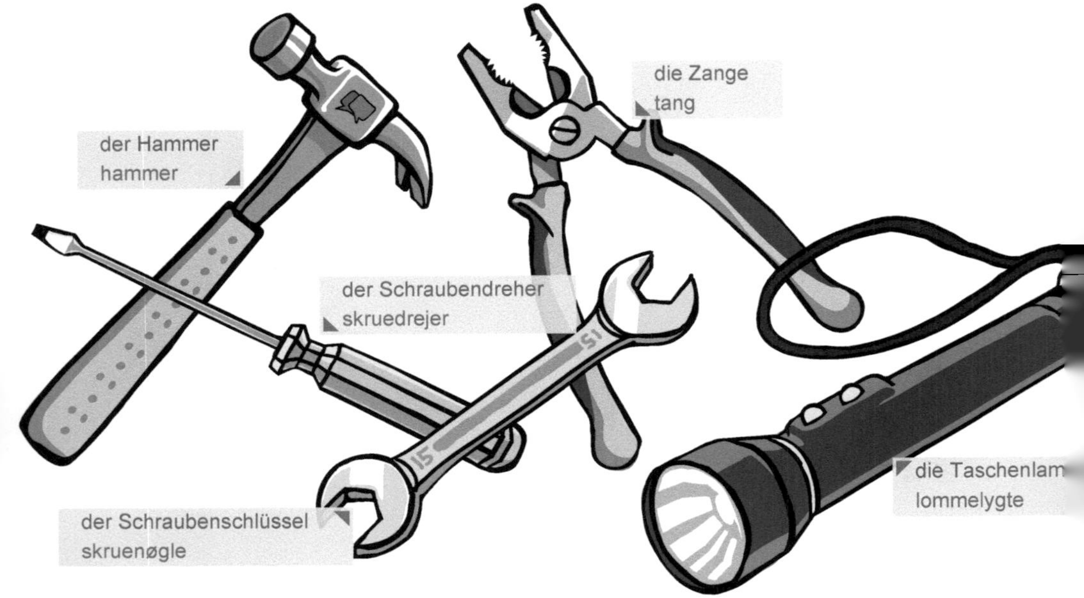
die Zange
tang
der Hammer
hammer
der Schraubendreher
skruedrejer
die Taschenlam
lommelygte
der Schraubenschlüssel
skruenøgle

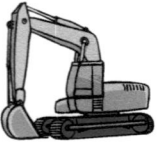

der Bagger

gravemaskine

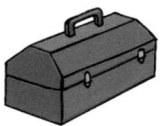

der Werkzeugkasten

værktøjskasse

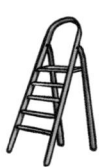

die Leiter

stige

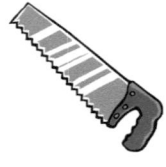

die Säge

sav

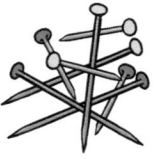

die Nägel

søm

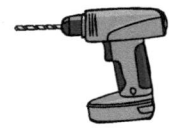

der Bohrer

bor

reparieren

reparere

die Schaufel

skovl

Mist!

Lort!

das Kehrblech

fejebakke

der Farbtopf

malerspand

die Schrauben

skruer

# die Musikinstrumente
## musikinstrumenter

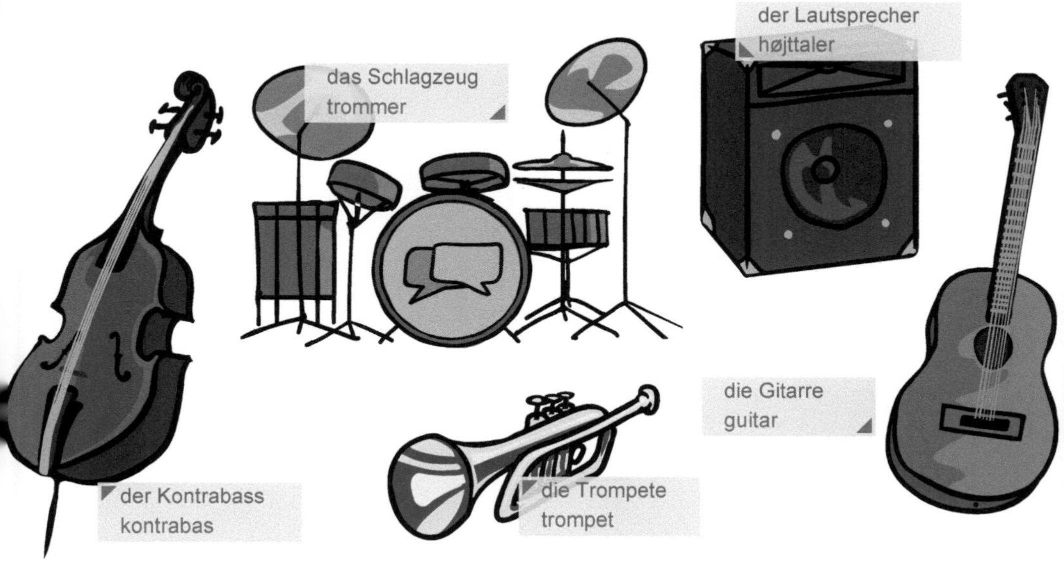

der Lautsprecher
højttaler

das Schlagzeug
trommer

die Gitarre
guitar

der Kontrabass
kontrabas

die Trompete
trompet

das Klavier

klaver

die Violine

violin

der Bass

bas

die Pauke

pauke

die Trommeln

tromme

das Keyboard

keyboard

das Saxophon

saxofon

die Flöte

fløjte

das Mikrofon

mikrofon

# der Zoo
## zoo

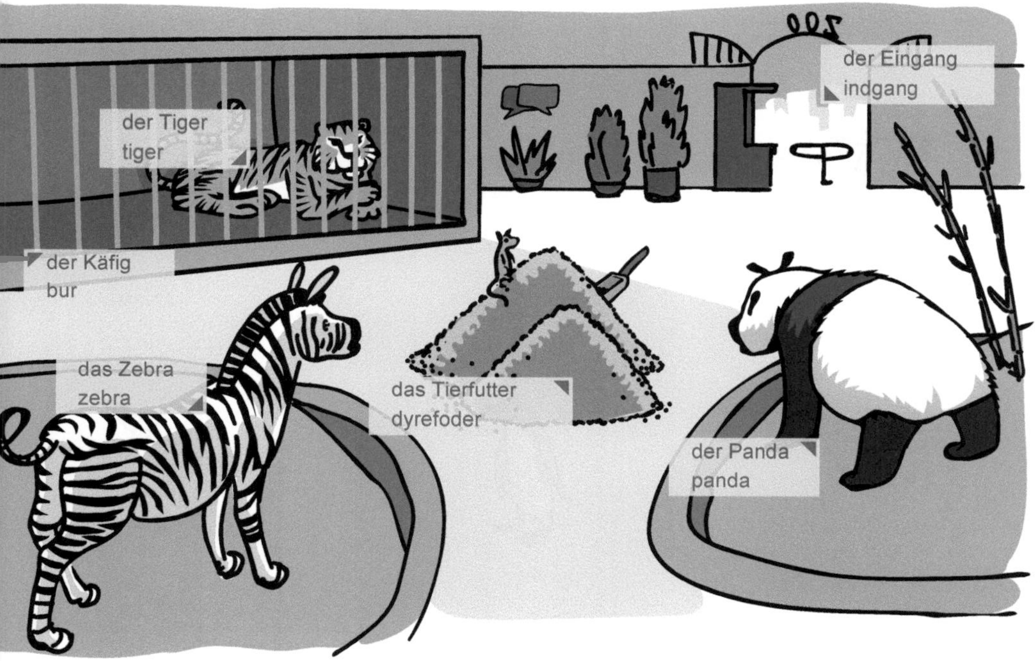

der Tiger
tiger
der Eingang
indgang
der Käfig
bur
das Zebra
zebra
das Tierfutter
dyrefoder
der Panda
panda


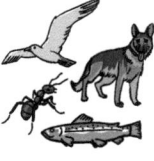

die Tiere

dyr

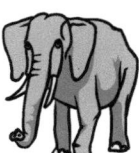

der Elefant

elefant

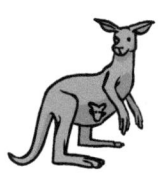

das Känguruh

kænguru

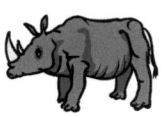

das Nashorn

næsehorn

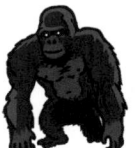

der Gorilla

gorilla

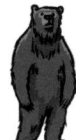

der Bär

bjørn

das Kamel

kamel

der Strauß

struds

der Löwe

løve

der Affe

abe

der Flamingo

flamingo

der Papagei

papegøje

der Eisbär

isbjørn

der Pinguin

pingvin

der Hai

haj

der Pfau

påfugl

die Schlange

slange

das Krokodil

krokodille

der Zoowärter

dyrepasser

die Robbe

sæl

der Jaguar

jaguar

der Zoo - zoo

das Pony

pony

der Leopard

leopard

das Nilpferd

flodhest

die Giraffe

giraf

der Adler

ørn

das Wildschwein

vildsvin

der Fisch

fisk

die Schildkröte

skildpadde

das Walross

hvalros

der Fuchs

ræv

die Gazelle

gazelle

das American Football
amerikansk football

das Radfahren
cykling

das Tennis
tennis

der Basketball
basketball

das Schwimmen
svømning

das Eishockey
ishockey

das Boxen
boksning

der Fußball

fodbold

das Badminton

badminton

die Leichtathletik

atletik

der Handball

håndbold

das Skilaufen

skiløb

das Polo

polo

# die Aktivitäten
## aktiviteter

lachen
grine
springen
springe
umarmen
give et knus
gehen
gå
singen
synge
träumen
drømme
beten
bede
küssen
kysse


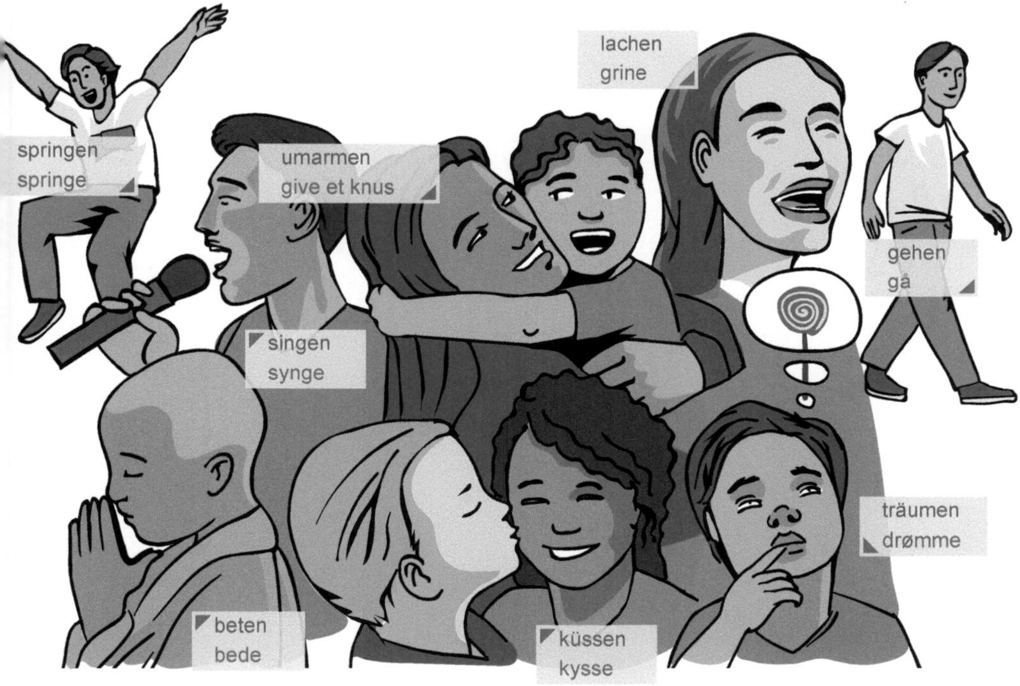

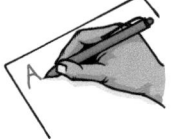

schreiben
skrive

zeichnen
tegne

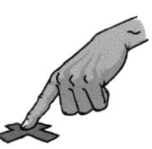

zeigen
vise

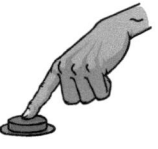

drücken
skubbe

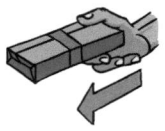

geben
give

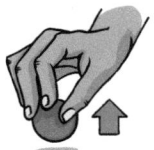

nehmen
tage

haben

have

tun

gøre

sein

være

stehen

stå

laufen

løbe

ziehen

trække

werfen

kaste

fallen

falde

liegen

ligge

warten

vente

tragen

bære

sitzen

sidde

anziehen

tage på

schlafen

sove

aufwachen

vågne

ansehen

se på

weinen

græde

streicheln

ae

kämmen

kæmme

reden

tale

verstehen

forstå

fragen

spørge

hören

høre

trinken

drikke

essen

spise

aufräumen

rydde op

lieben

elske

kochen

koge

fahren

køre

fliegen

flyve

die Aktivitäten - aktiviteter

segeln

sejle

rechnen

regne

lesen

læse

lernen

lære

arbeiten

arbejde

heiraten

gifte sig med

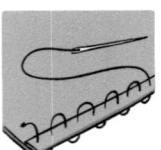

nähen

sy

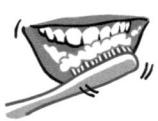

Zähne putzen

børste tænder

töten

dræbe

rauchen

ryge

senden

sende

# die Familie
## familie

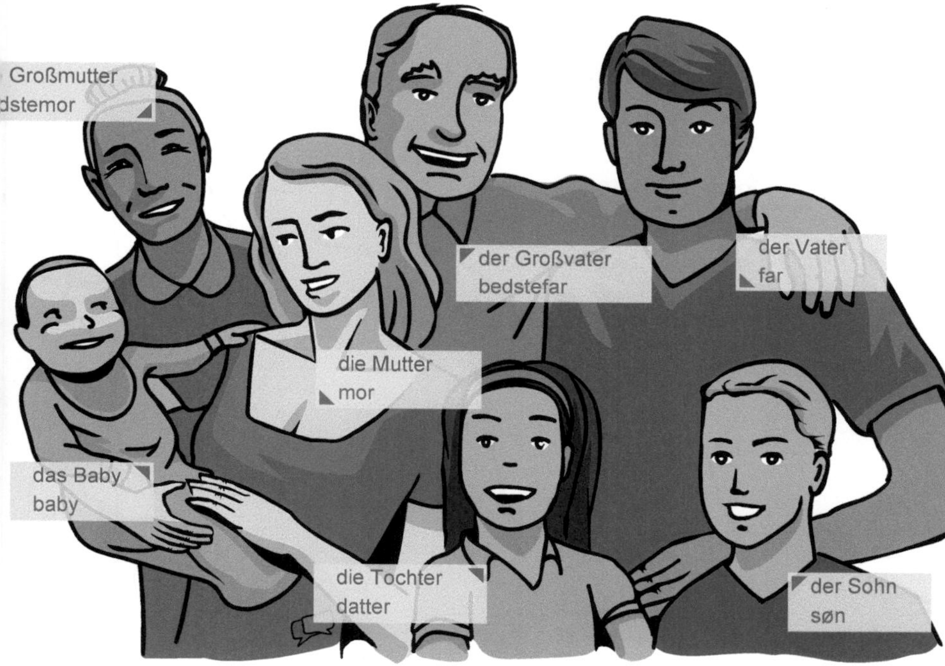

Großmutter
dstemor
der Großvater
bedstefar
der Vater
far
die Mutter
mor
das Baby
baby
die Tochter
datter
der Sohn
søn


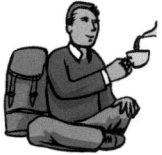

der Gast

gæst

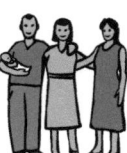

die Tante

tante

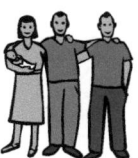

der Onkel

onkel

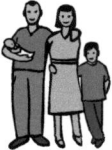

der Bruder

bror

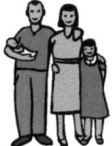

die Schwester

søster

# der Körper

## krop

die Stirn
pande
das Auge
øje
die Schulter
skulder
der Finger
finger
das Gesicht
ansigt
das Kinn
hage
die Hand
hånd
das Bein
ben
die Brust
bryst
der Arm
arm


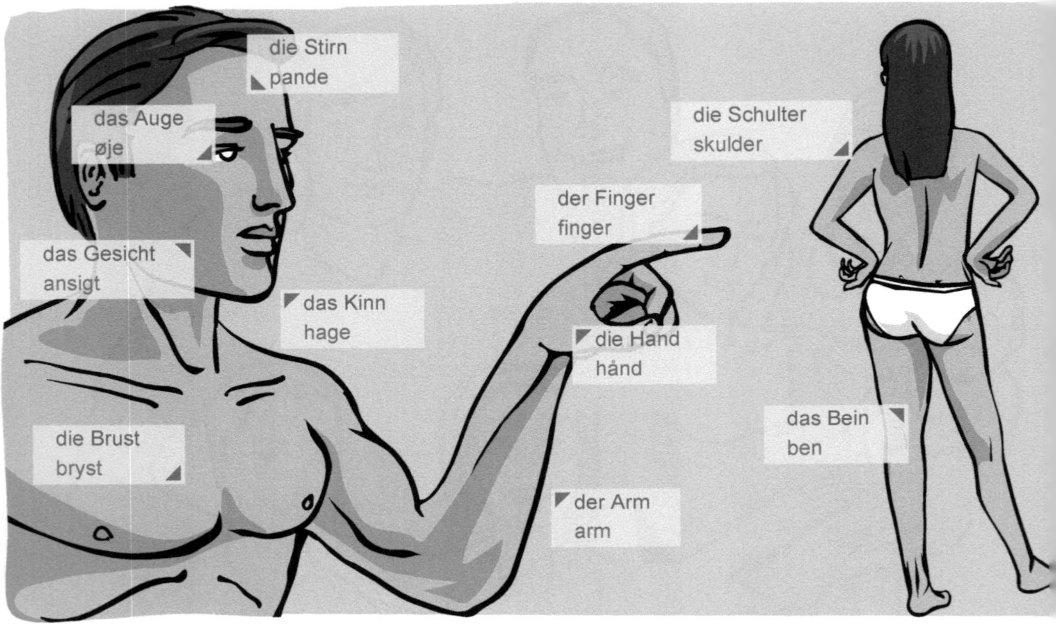

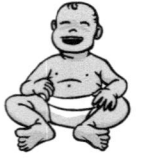

das Baby

baby

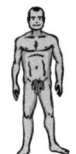

der Mann

mand

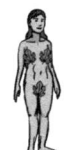

die Frau

kvinde

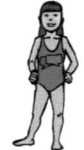

das Mädchen

pige

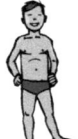

der Junge

dreng

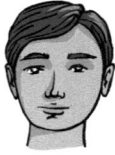

der Kopf

hoved

der Rücken

ryg

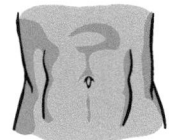

der Bauch

mave

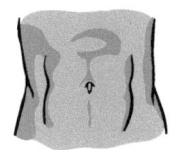

der Nabel

navle

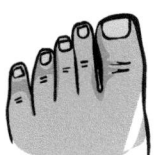

der Zeh

tå

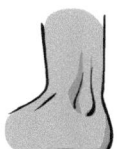

die Ferse

hæl

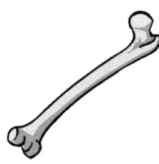

der Knochen

knogle

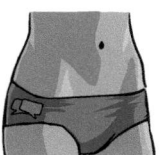

die Hüfte

hofte

das Knie

knæ

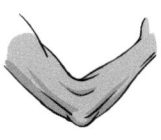

der Ellenbogen

albue

die Nase

næse

das Gesäß

bagdel

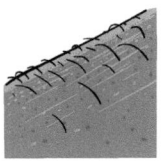

die Haut

hud

die Wange

kind

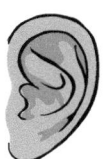

das Ohr

øre

die Lippe

læbe

der Körper - krop

der Mund

mund

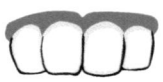

der Zahn

tand

die Zunge

tunge

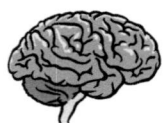

das Gehirn

hjerne

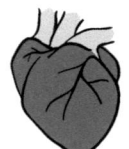

das Herz

hjerte

der Muskel

muskel

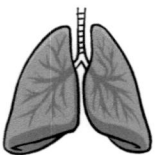

die Lunge

lunge

die Leber

lever

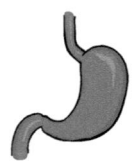

der Magen

mavesæk

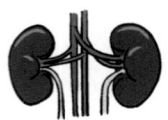

die Nieren

nyrer

der Geschlechtsverkehr

sex

das Kondom

kondom

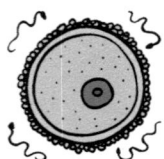

die Eizelle

ægcelle

das Sperma

sperm

die Schwangerschaft

svangerskab

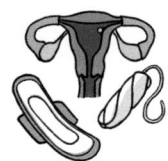

die Menstruation

menstruation

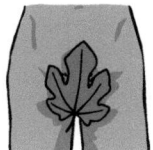

die Vagina

vagina

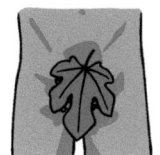

der Penis

penis

die Augenbraue

øjenbryn

das Haar

hår

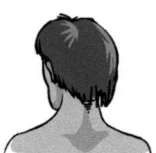

der Hals

hals

# das Krankenhaus
## sygehus

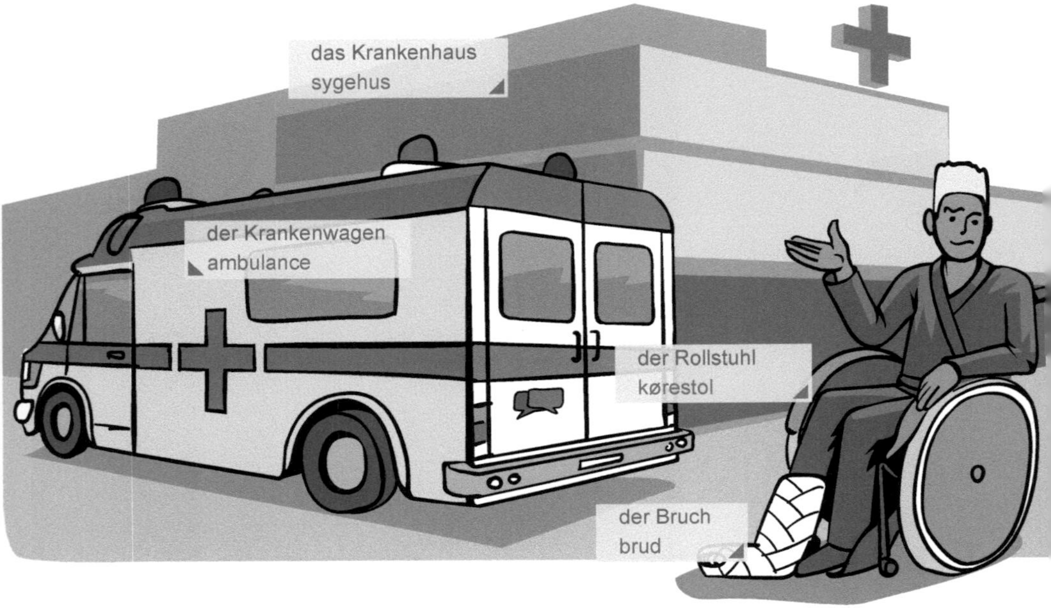

das Krankenhaus
sygehus
der Krankenwagen
ambulance
der Rollstuhl
kørestol
der Bruch
brud

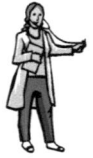

der Arzt

læge

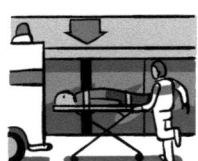

die Notaufnahme

akutmodtagelse

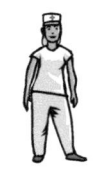

die Krankenschwester

sygeplejerske

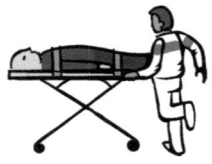

der Notfall

nødstilfælde

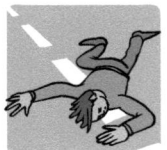

ohnmächtig

bevidstløs

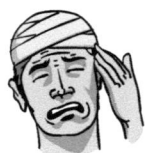

der Schmerz

smerte

die Verletzung

skade

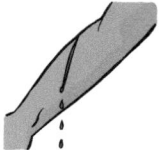

die Blutung

blødning

der Herzinfarkt

hjerteinfarkt

der Schlaganfall

slagtilfælde

die Allergie

allergi

der Husten

hoste

das Fieber

feber

die Grippe

influenza

der Durchfall

diarré

die Kopfschmerzen

hovedpine

der Krebs

kræft

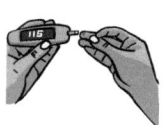

die Diabetis

diabetes

der Chirurg

kirurg

das Skalpell

skalpel

die Operation

operation

das CT

CT

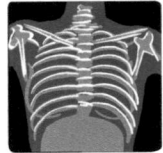

das Röntgen

røntgen

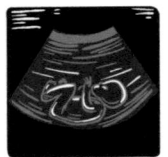

das Ultraschall

ultralyd

die Maske

maske

die Krankheit

sygdom

das Wartezimmer

venteværelse

die Krücke

krykke

das Pflaster

plaster

der Verband

forbinding

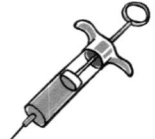

die Injektion

injektion

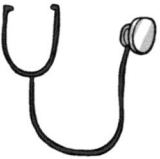

das Stethoskop

stetoskop

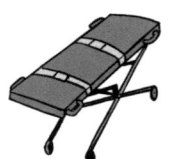

die Trage

båre

das Thermometer

termometer

die Geburt

fødsel

das Übergewicht

overvægt

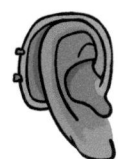

das Hörgerät

høreapparat

das Desinfektionsmittel

desinficerende middel

die Infektion

infektion

das Virus

virus

das HIV / AIDS

HIV / AIDS

die Medizin

medicin

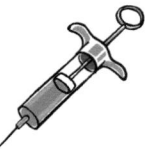

die Impfung

vaccination

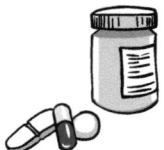

die Tabletten

tabletter

die Pille

pille

der Notruf

nødopkald

das Blutdruck-Messgerät

blodtryksmåler

krank / gesund

syg / rask

Hilfe!

Hjælp!

der Alarm

alarm

der Überfall

overfald

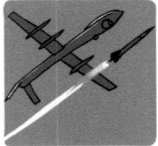

der Angriff

angreb

die Gefahr

fare

der Notausgang

nødudgang

Feuer!

Det brænder!

der Feuerlöscher

ildslukker

der Unfall

uheld

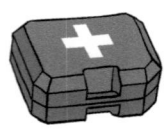

der Erste-Hilfe-Koffer

førstehjælps-kuffert

SOS

SOS

die Polizei

politi

das Europa

Europa

das Nordamerika

Nordamerika

das Südamerika

Sydamerika

das Afrika

Afrika

das Asien

Asien

das Australien

Australien

der Atlantik

Atlanterhavet

der Pazifik

Stillehavet

der Indische Ozean

Indiske Ocean

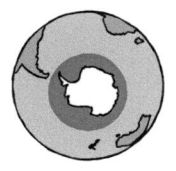

der Antarktische Ozean

Sydlige Ishav

der Arktische Ozean

Ishav

der Nordpol

Nordpol

der Südpol

Sydpol

die Antarktis

Antarktis

die Erde

Jorden

das Land

land

das Meer

hav

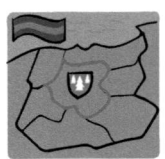

die Insel

ø

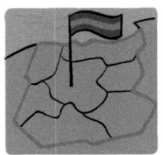

die Nation

nation

der Staat

stat

das Zifferblatt

urskive

der Stundenzeiger

timeviser

der Minutenzeiger

minutviser

der Sekundenzeiger

sekundviser

Wie spät ist es?

Hvad er klokken?

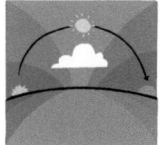

der Tag

dag

die Zeit

tid

jetzt

nu

die Digitaluhr

digitalur

die Minute

minut

die Stunde

time

# die Woche

## uge

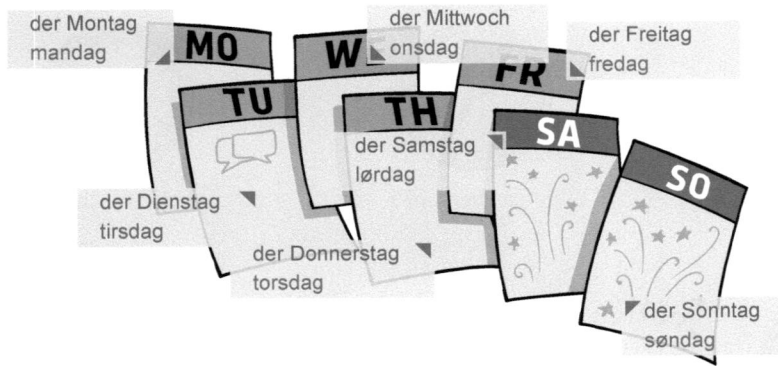

der Montag
mandag

der Mittwoch
onsdag

der Freitag
fredag

der Dienstag
tirsdag

der Samstag
lørdag

der Donnerstag
torsdag

der Sonntag
søndag

gestern

i går

heute

i dag

morgen

i morgen

der Morgen

morgen

der Mittag

middag

der Abend

aften

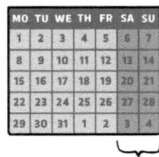

die Arbeitstage

arbejdsdage

das Wochenende

weekend

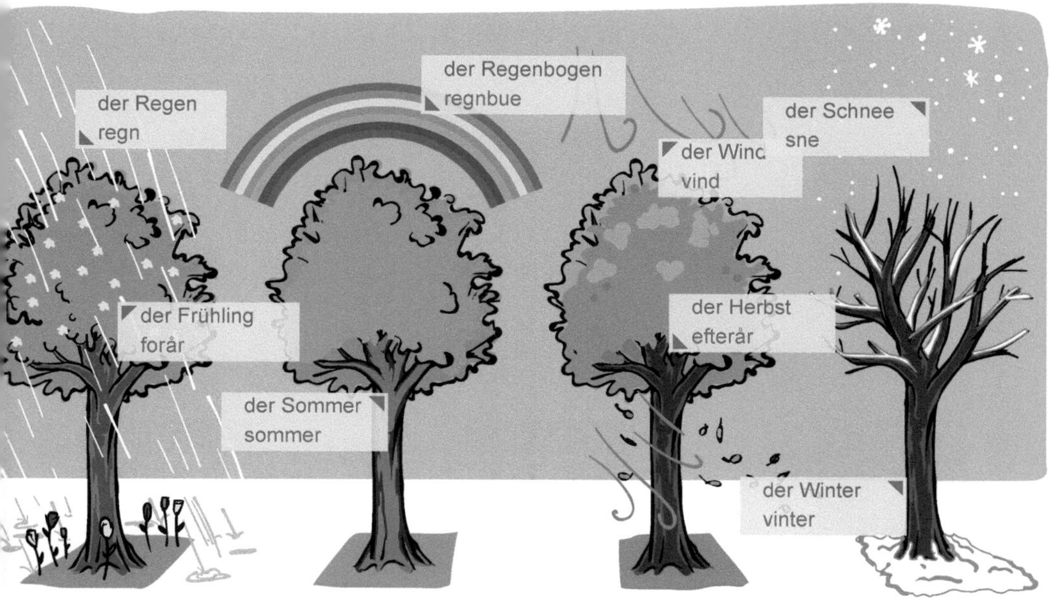

der Regen
regn
der Regenbogen
regnbue
der Schnee
sne
der Wind
vind
der Frühling
forår
der Herbst
efterår
der Sommer
sommer
der Winter
vinter


4.APRIL 11°
5.APRIL 4°
6.APRIL 13°
7.APRIL 8°
8.APRIL 10°


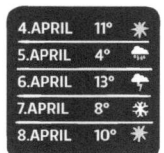

die Wettervorhersage

vejrudsigt

F
C
120
90
60
30
0
-30
40
30
20
10
0
-10
-20


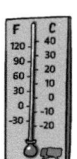

das Thermometer

termometer

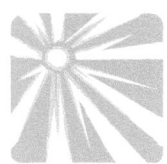

der Sonnenschein

solskin

die Wolke

sky

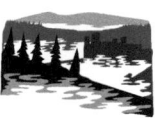

der Nebel

tåge

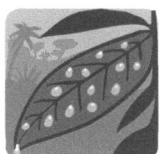

die Luftfeuchtigkeit

luftfugtighed

der Blitz

lyn

der Donner

torden

der Sturm

storm

der Hagel

hagl

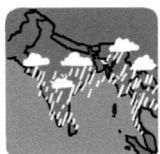

der Monsun

monsun

die Flut

flod

das Eis

is

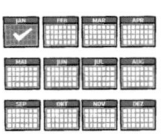

der Januar

januar

der Februar

februar

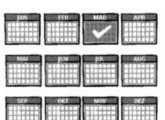

der März

marts

der April

april

der Mai

maj

der Juni

juni

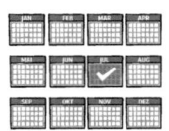

der Juli

juli

der August

august

das Jahr - år

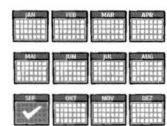

der September
.................
september

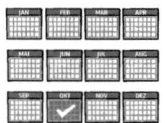

der Oktober
.................
oktober

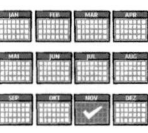

der November
.................
november

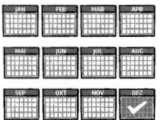

der Dezember
.................
december

der Kreis
.................
cirkel

das Quadrat
.................
kvadrat

das Rechteck
.................
firkant

das Dreieck
.................
trekant

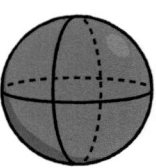

die Kugel
.................
kugle

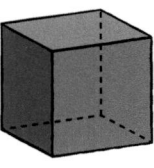

der Würfel
.................
terning

weiß

hvid

gelb

gul

orange

orange

pink

pink

rot

rød

lila

lilla

blau

blå

grün

grøn

braun

brun

grau

grå

schwarz

sort

viel / wenig

meget / lidt

wütend / friedlich

rasende / fredelig

hübsch / hässlich

smuk / grim

der Anfang / das Ende

begyndelse / slut

groß / klein

stor / lille

hell / dunkel

lys / mørk

der Bruder / die Schwester

bror / søster

sauber / schmutzig

ren / snavset

vollständig / unvollständig

fuldkommen / ufuldkommen

der Tag / die Nacht

dag / nat

tot / lebendig

død / levende

breit / schmal

bred / smal

genießbar / ungenießbar

spiselig / uspiselig

böse / freundlich

vred / venlig

aufgeregt / gelangweilt

ophidset / kedet

dick / dünn

tyk / tynd

zuerst / zuletzt

først / sidst

der Freund / der Feind

ven / fjende

voll / leer

fuld / tom

hart / weich

hård / blød

schwer / leicht

tung / let

der Hunger / der Durst

sult / tørst

krank / gesund

syg / rask

illegal / legal

illegal / legal

intelligent / dumm

intelligent / dum

links / rechts

venstre / højre

nah / fern

nær / fjern

neu / gebraucht

ny / brugt

nichts / etwas

intet / noget

alt / jung

gammel / ung

an / aus

tændt / slukket

offen / geschlossen

åben / lukket

leise / laut

stille / højt

reich / arm

rig / fattig

richtig / falsch

rigtig / forkert

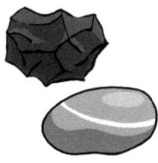

rau / glatt

ru / glat

traurig / glücklich

ked af det / lykkelig

kurz / lang

kort / lang

langsam / schnell

langsom / hurtig

nass / trocken

våd / tør

warm / kühl

varm / kold

der Krieg / der Frieden

krig / fred

**0**

null

nul

**1**

eins

en

**2**

zwei

to

**3**

drei

tre

**4**

vier

fire

**5**

fünf

fem

**6**

sechs

seks

**7**

sieben

syv

**8**

acht

otte

**9**

neun

ni

**10**

zehn

ti

**11**

elf

elleve

**12**

zwölf

tolv

**13**

dreizehn

tretten

**14**

vierzehn

fjorten

**15**

fünfzehn

femten

**16**

sechzehn

seksten

**17**

siebzehn

sytten

**18**

achtzehn

atten

**19**

neunzehn

nitten

**20**

zwanzig

tyve

**100**

hundert

hundrede

**1.000**

tausend

tusinde

**1.000.000**

million

million

Englisch

engelsk

Amerikanisches Englisch

amerikansk engelsk

Chinesisch Mandarin

kinesisk mandarin

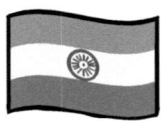

Hindi

hindi

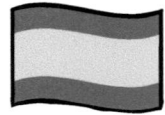

Spanisch

spansk

Französisch

fransk

Arabisch

arabisk

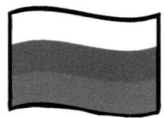

Russisch

russisk

Portugiesisch

portugisisk

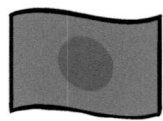

Bengalisch

bengalsk

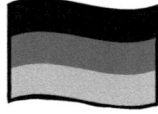

Deutsch

tysk

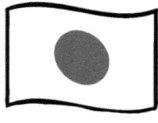

Japanisch

japansk

ich

jeg

du

du

er / sie / es

han / hun / den / det

wir

vi

ihr

I

sie

de

wer?

hvem?

was?

hvad?

wie?

hvordan?

wo?

hvor?

wann?

hvornår?

Name

navn

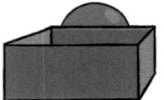

hinter

bag

in

i

vor

foran

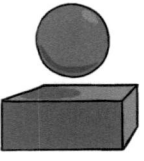

über

over

auf

på

unter

under

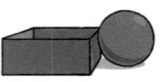

neben

ved siden af

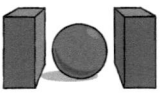

zwischen

imellem

der Ort

sted